essentials

essentials liefern aktuelles Wissen in konzentrierter Form. Die Essenz dessen, worauf es als „State-of-the-Art" in der gegenwärtigen Fachdiskussion oder in der Praxis ankommt. *essentials* informieren schnell, unkompliziert und verständlich

- als Einführung in ein aktuelles Thema aus Ihrem Fachgebiet
- als Einstieg in ein für Sie noch unbekanntes Themenfeld
- als Einblick, um zum Thema mitreden zu können

Die Bücher in elektronischer und gedruckter Form bringen das Expertenwissen von Springer-Fachautoren kompakt zur Darstellung. Sie sind besonders für die Nutzung als eBook auf Tablet-PCs, eBook-Readern und Smartphones geeignet. *essentials:* Wissensbausteine aus den Wirtschafts-, Sozial- und Geisteswissenschaften, aus Technik und Naturwissenschaften sowie aus Medizin, Psychologie und Gesundheitsberufen. Von renommierten Autoren aller Springer-Verlagsmarken.

Weitere Bände in der Reihe http://www.springer.com/series/13088

Claudia Lutschewitz

Storytelling und Leadership

Inspirieren und motivieren
durch Geschichten

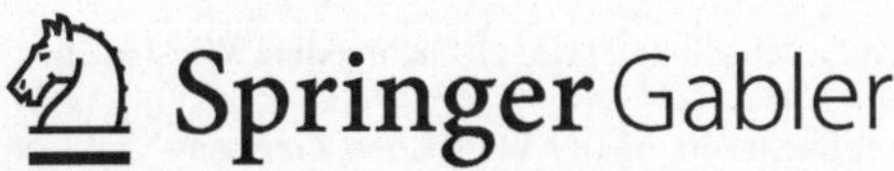

Claudia Lutschewitz
CL Diversity Managementberatung
Wenden, Deutschland

ISSN 2197-6708 ISSN 2197-6716 (electronic)
essentials
ISBN 978-3-658-29755-8 ISBN 978-3-658-29756-5 (eBook)
https://doi.org/10.1007/978-3-658-29756-5

Die Deutsche Nationalbibliothek verzeichnet diese Publikation in der Deutschen Nationalbibliografie; detaillierte bibliografische Daten sind im Internet über http://dnb.d-nb.de abrufbar.

Planung/Lektorat: Christine Sheppard
Springer Gabler ist ein Imprint der eingetragenen Gesellschaft Springer Fachmedien Wiesbaden GmbH und ist ein Teil von Springer Nature.
Die Anschrift der Gesellschaft ist: Abraham-Lincoln-Str. 46, 65189 Wiesbaden, Germany

Was Sie in diesem *essential* finden können

- Den Unterschied zwischen Führung, Management und Leadership
- Einen Überblick über das Storytelling
- Warum der Mensch aus Geschichten lernt.
- Warum Storytelling Führungsqualitäten steigert.
- Wie Erlebnisse zu Geschichten werden.
- Das in jeder Biografie erzählenswerte Geschichten zu finden sind.

Inhaltsverzeichnis

Über die Autorin

Claudia Lutschewitz CL Diversity Managementberatung, Schönau NRW

Einleitung – Storytelling als Schlüsselkompetenz

Die Vergangenheit und die Gegenwart sind unsere Mittel.
Die Zukunft allein ist unser Zweck

Blaise Pascal

Führungskräfte halten Ansprachen, leiten Teams oder führen Mitarbeitergespräche. Viele Führungskräfte bereiten sich darauf dezidiert vor und haben konkrete Vorstellungen über die Ziele ihrer Rede/des Gesprächs. Ferner können sie bzgl. ihres Auftritts und Verhaltens geschult werden, damit sie Kompetenz, Sicherheit und Vertrauen ausstrahlen und zugleich authentisch wirken. Ebenso können die Inhalte definiert werden, aber schlussendlich kommt es darauf an, wie die Inhalte transportiert werden.

Das Schwierige dabei ist, die unterschiedlichen Bezugsgruppen in einem Unternehmen auf ihre Art und Weise ansprechen zu können. Die Inhalte sollen leicht verständlich sein und nicht langweilen. Im besten Fall bewirkt das Gesagte Motivation, schenkt Vertrauen und Verständnis, übermittelt Unternehmenswerte, steigert die Arbeitsfähigkeit und weckt Begeisterung. Storytelling ist dafür eine Schlüsselkompetenz für jeden, der überzeugend kommunizieren möchte.

Aus der Physiologie ist bekannt, dass Bilder die rechte Gehirnhälfte ansprechen und Texte die linke Gehirnhälfte. Durch den geschickten Einsatz von Sprachbildern und Geschichten können beide Hirnhälften angesprochen, Informationen besser gespeichert und Lösungsmöglichkeiten mit Verstand und Gefühl gefunden werden.

© Springer Fachmedien Wiesbaden GmbH, ein Teil von Springer Nature 2020
C. Lutschewitz, *Storytelling und Leadership*, essentials,
https://doi.org/10.1007/978-3-658-29756-5_1

Narrative Elemente im Leadership bedeuten folglich, während der Mitarbeiterführung anhand von Geschichten, Metaphern, usw., also mit Hilfe von Bildern, Anregungen, Inspirationen und Gedanken so überzeugend anzustoßen, dass daraus Verständnis für getroffene Entscheidungen, für Verhaltensmuster und Gedankengänge geweckt wird. Geschichten hinterfragen festsitzende Überzeugungen, wecken Aufmerksamkeit und können einen „Aha-Effekt" auslösen.

Timing ist dabei die „Kunst", sprich: eine passende Geschichte im richtigen Moment anzuwenden, um die beabsichtigte Wirkung zu erzielen. Das narrative Element schafft die Möglichkeit, Komplexität zu reduzieren, durch Bewegen, Erklären, Inspirieren, Motivieren und (besseres) gegenseitiges Wahrnehmen.

Die Worte aus der Geschichte finden den Weg vom Kopf zum Herz in den Bauch und wieder zurück in den Kopf, wo sie einen Prozess auslösen, d. h. Geschichten transportieren Worte, die Bilder und Gefühle erzeugen. Sie inspirieren und lassen Freiräume, um im „Kopfkino" den eigenen Film entstehen zu lassen.

Der „eigene Film" regt zum Nachdenken an – was wiederum Lernen ermöglich und damit Change und Wachstum – angestoßen durch Motivation und Inspiration.

Führung, Management oder Leadership? 2

Wer kennt sich selbst?
Wer weiß, was er vermag?

Johann Wolfgang von Goethe

In der Literatur wird oft zwischen den Begriffen Führung, Management und Leadership differenziert.

2.1 Was heißt Führung?

Aus der einschlägigen Literatur kann keine eindeutige Definition des Führungsbegriffs abgeleitet werden. Weitgehend besteht jedoch Übereinstimmung darin, dass bei jedem Führungsverhalten die Komponenten „wechselseitige Beeinflussung" und „Zielorientierung", als auch die „persönlichkeitsorientierte" und „kommunikative Perspektive" prägend sind.

2.2 Wie unterscheiden sich Management und Führung?

Der Begriff Management entstammt dem lateinischen Wort manu agere = „mit der Hand führen"; d. h. die Fähigkeit, Handlungen zu mobilisieren und zu koordinieren, mit dem Zweck, Aufgaben durchzuführen.

Der Begriff Führung meint und betont in erster Linie den personenbezogenen und kommunikativen Aspekt, während bei Management die Organisation und ihre Strategien im Mittelpunkt stehen.

© Springer Fachmedien Wiesbaden GmbH, ein Teil von Springer Nature 2020
C. Lutschewitz, *Storytelling und Leadership,* essentials,
https://doi.org/10.1007/978-3-658-29756-5_2

In der Praxis ist ein reflektierter Unterschied zwischen Management und Führung selten zu finden, daher werden beide Begriffe oft synonym verwendet. Die Alltagserfahrungen zeigen jedoch, dass Führungskräfte neben den personenbezogenen Tätigkeiten, also dem sozialen Phänomen, auch die typischen „Managementtätigkeiten" wie Planung, Organisation und Kontrolle als typische Handlungsanweisungen zu erledigen haben.

2.3   Leadership – nur ein neudeutscher Begriff?

Der englische Ausdruck „lead" wurzelt im altenglischen „lithan" und bedeutet so viel wie „gehen, reisen". Ferner gehen die indoeuropäischen Wurzeln der Wörter „Leitung" und „Leadership" auf „leith" zurück und bedeuten „nach vorne gehen", „über die Schwelle" oder „in ein neues Gebiet gehen". Diese Wortwurzeln verweisen darauf, dass die Erfahrungen des Loslassens der alten Welt und des Eintauchens in eine neue Welt die innere Essenz jedes Führungsgeschehens ist. Es kann nur dann gelingen, wenn die Betreffenden den Mut aufbringen, den Fuß in ein vollkommen neues und bisher nicht bekanntes Territorium zu setzen. Folglich heißt Leadership „einfach": motivieren, inspirieren, Menschen und Organisationen in die Zukunft führen. Demnach ist ein Leader nicht nur eine Führungsperson, sondern eine Führungspersönlichkeit. *„A manager has formal power over subordinates, which is not necessarily true in the case of leader."* (Eagly und Carli 2003).

2.4   Zusammenfassung dieser Vielfalt

Führung bezieht sich grundsätzlich auf zwei zentrale Dimensionen, nämlich Leadership und Management. Auf der Leadership-Ebene steht die zeitliche Dimension „Zukunft" im Fokus sowie die Aufgabenstellung „Strategie und Entwicklung". Es geht folglich darum, Räume zu öffnen und das Unternehmen in die Zukunft zu bringen. Zentral für die Management-Ebene von Führung ist die zeitliche Dimension „Gegenwart"; das Aufgabenfeld ist das operative Geschäft, denn es geht um die Sicherstellung von Wertschöpfung. Je nach Position, bzw. Ebene der Führungskraft in der Organisation, sind die Leadership-Anteile oder die Management-Anteile größer.

Storytelling – was ist das?

Man kann viel,
wenn man sich nur recht viel zutraut.

Wilhelm von Humboldt

3.1   Der Begriff – an sich!

Storytelling ist eine narrative Kunst und hat in den letzten Jahren im angelsächsischen Sprachraum eine Inflation erfahren (Ganahl 2013, S. 29).

Dabei geht es beim Storytelling nicht um Plaudereien und Erfundenes, Kaffeeklatsch oder Geschichten, die zur Unterhaltung und ohne einen bestimmten Zweck erzählt werden, nicht um Chroniken oder Metaphern.

Die Geschichten beim Storytelling sollen zeigen, wofür ein Unternehmen oder eine Person steht, welche Visionen verfolgt werden und warum die internen und externen Bezugsgruppen das Unternehmen oder die Person unterstützen sollen. Storytelling beruht auf Daten und Fakten. Nicht nur Positives, sondern auch Probleme und Konflikte sind Bestandteil von Geschichten.

Storytelling bedeutet, Geschichten gezielt, bewusst und gekonnt einzusetzen, um wichtige Inhalte besser verständlich zu machen, um das Lernen und Mitdenken der Zuhörer nachhaltig zu unterstützen, um Ideen zu streuen, geistige Beteiligung zu fördern und damit der Kommunikation eine neue Qualität hinzuzufügen.

© Springer Fachmedien Wiesbaden GmbH, ein Teil von Springer Nature 2020

C. Lutschewitz, *Storytelling und Leadership,* essentials,

https://doi.org/10.1007/978-3-658-29756-5_3

Durch die Geschichte werden Zusammenhänge hergestellt. Das Prinzip von Ursache und Wirkung, das zwischen Ereignissen Zusammenhänge sucht und findet, bedeutet Sinn zu vermitteln, das Unbegreifliche begreifbar zu machen, das Unerklärliche zu erklären. Denn in der Erzählkunst läuft der reflektierende Geist zu Hochformen auf.

Auf den Punkt gebracht ist Storytelling …

… eine uralte menschliche Fähigkeit, die Komplexität der Welt zu reduzieren.

… die Kunst, aus Ereignissen einen Erfahrungsschatz zu machen und ihn in Zusammenhang mit allgemeinen Erfahrungsmustern zu stellen.

… ein wirkungsvolles Kommunikationsinstrument. Denn eigene und fremde Erfahrungen werden mithilfe von Erzählmustern so spannend und überzeugend weitergegeben, dass andere sie nachempfinden können.

… die Kunst, die passende Geschichte im richtigen Moment anzuwenden.

… eine Suche, denn Storyteller suchen nach Ereignissen und machen erzählenswerte Geschichten daraus.

3.2   Aufbau und Elemente von Geschichten – interessant!

Geschichten weisen weltweit eine weitgehend identische **Struktur** auf, dabei unterscheiden sie sich hauptsächlich in der Ausschmückung der Details. Die grundsätzliche Struktur ist jedoch universell. Menschen erleben Geschichten genau dann als bereichernd und spannend, wenn sie zentrale Elemente und Strukturen beinhalten. Ferner sind Geschichten erst dann vollständig, wenn Charaktere auftreten und die Gesamtheit bzw. die Aneinanderreihung der Ereignisse eine Handlung ergeben. D. h. die Charaktere geben Auskunft über das „Wer" und die Handlung gibt Aufschluss über das „Warum".

Ferner haben Geschichten mit einem einfachen und **konsistenten Handlungsverlauf** eine einfache Kernbotschaft (Ganahl 2013, S. 31). Kernbotschaften sind allgemeinere Beschreibungen von Erlebnissen und Handlungsmustern, die in einer bestimmten Situation erfolgreich waren. Eine Geschichte wird nicht dadurch authentischer, dass alle Details wahrheitsgemäß erzählt werden. Erst wenn eine Erzählung auf einen Kern fokussiert ist und alles weggelassen wird, was nichts damit zu tun hat, werden die Zuhörer die Botschaft der Geschichte verstehen. Das

Herausarbeiten der Kernbotschaft in einer Geschichte ist folglich das Ziel. Die Kernbotschaft beantwortet die Frage, worum es in der Geschichte geht, was aus der Geschichte gelernt werden kann oder was mit den Charakteren schließlich passiert.

Darüber hinaus erzählen Geschichten meist von **Charakteren** und deren Handeln, um das Ziel zu erreichen. Dabei muss die Handlung zur Person und ihrer Persönlichkeit passen, damit die Bezugsgruppen das Handeln als stimmig und zuverlässig erleben. Durch dieses Erleben kann die Kernbotschaft besser und erfolgreicher platziert und von den Bezugsgruppen verstanden werden.

Im Mittelpunkt von Geschichten stehen sehr oft **Menschen.** Die Bezugsgruppen orientieren sich an Menschen, weil sie sich mit ihnen identifizieren können und deren Geschichte ihnen helfen kann, Probleme zu lösen. Daher kann Menschen in Geschichten eine herausragende Bedeutung zugeschrieben werden.

Im Storytelling ist das Anordnen von **Ereignissen,** also deren Dramaturgie, ausschlaggebend. Der dramatische Bogen (auch bezeichnet als **Spannungsbogen,** siehe Abb. 3.1) ist dafür verantwortlich, dass die Geschichte vom Beginn bis zum Ende führt. Ereignisse setzen nicht an einer beliebigen Stelle ein und hören auch nicht an einer beliebigen Stelle auf.

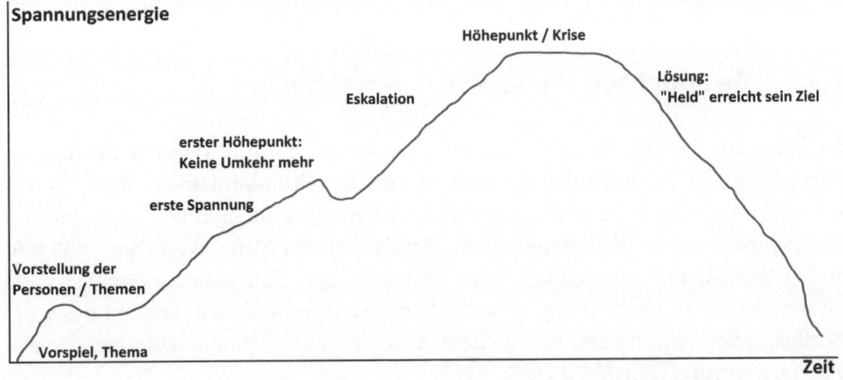

Abb. 3.1 Klassischer Spannungsbogen nach Hitchcock. (Angelehnt an Loebbert 2004, S. 2)

Geschichten, wirkliche genauso wie erfundene, folgen immer einer Dramaturgie und sie haben eine dramatische Form:

Die Geschichte beginnt. Die handelnden Personen werden vorgestellt. Das **Thema** oder das **Motiv** wird präsentiert. Eine Spannung entsteht, eine Frage, die beantwortet werden muss, wird gestellt, unterschiedliche Möglichkeiten oder ein Widerspruch, die geklärt werden müssen, treten auf. Hindernisse und Widerstände bauen sich auf. Die Handlung drängt zu einem **Höhe- und Wendepunkt,** an dem sich Lösung, Antwort und Klärung entscheiden.

Jede Geschichte hat folglich einen **Anfang,** einen **Wendepunkt** und ein **Ende** und die Dramaturgie sorgt dafür, dass die Aktivitäten optimal auf die Aufnahmekapazitäten der Bezugsgruppen abgestimmt sind, die Botschaft dauerhaft erlernt wird und die Bezugsgruppen sich nachhaltig daran erinnern.

Damit eine Geschichte funktioniert, muss sich in ihr etwas **Besonderes, Außergewöhnliches** oder **Merkwürdiges** ereignen, sie muss vom normalen Routinealltag abweichen. Der **Höhepunkt** ist die Stelle in der Geschichte, in der sich etwas Grundlegendes verändert und bildet den Übertritt von der Ausgangssituation zu einer Endsituation. Er ist der kreative Kern jeder Geschichte, der die Lösung mit sich bringt. Die meist unvorhergesehene Wendung am Höhepunkt ist es, die aus einer Situation oder einer gleichförmigen Folge von Ereignissen eine Geschichte macht. Sie reißt die Bezugsgruppe mit und bringt die Handlung in Schwung.

3.3   Geschichten im Gehirn – verstehe!

Das Prinzip des Geschichtenerzählens ermöglicht es, die **Wahrnehmung** der Bezugsgruppen zu **optimieren,** weil es an die Grundprinzipien des Gehirns anknüpft: Aufnahme, Verarbeitung und Speicherung. Zudem können Geschichten als gehirngerechte Kommunikation bezeichnet werden, weil sie bildhaft, bewegungsnah und anschaulich sind. Dabei ist das Ziel nicht, möglichst viele Informationen zu übermitteln, sondern Schlüsselinformationen, anhand derer die Bezugsgruppe entscheidet, in welchem Ausmaß die Geschichte eine Reaktion in ihnen hervorruft (Ganahl 2013, S. 40 f.).

Das menschliche Hirn kann nicht als riesige Bibliothek verstanden werden, in der alles Erlebte, Gehörte oder Gefühlte gespeichert wird. Das würde erstens zu viel Speicherkapazität brauchen und zweitens beim Abrufen zu viel Aufwand generieren. Dialoge, die zwischen Menschen stattfinden, werden vor allem aus Sicht der bewussten Wahrnehmung realisiert. Die meisten Informationen, so haben Neurowissenschaftler herausgefunden, werden zu 95 % unbewusst verarbeitet (Herbst 2008, S. 26).

Nicht alles, was an Informationen vom Gehirn aufgenommen wird, interpretiert das Gehirn automatisch als Geschichte. Aber es neigt dazu, möglichst viele Informationen in Form von Geschichten zu strukturieren, um die Wirklichkeit besser verstehen und ordnen zu können (Littck 2011, S. 85 f.).

Wie wichtig Geschichten für unser Hirn sind, zeigt sich daran, dass der Mensch eigene neuronale Netzwerke hat, die sich um das Speichern von Geschichten kümmern. Wissenschaftler sprechen vom episodischen oder autobiografischen Gedächtnis; darin werden Geschichten wie z. B. Lebenserfahrungen (Erinnerungen an die Kindheit, erster Arbeitstag etc.) als Datenpakete gesammelt. Dieses Gedächtnissystem verfügt über enorme Kapazitäten, weil es für den Menschen sehr wichtig ist, auf dieses Wissen zurückzugreifen (Herbst 2008, S. 71).

Die Wirkung bzw. die Verarbeitung funktioniert so, dass das Hirn jede Geschichte auf das Wesentliche verdichtet. Das bedeutet, dass vom Hirnareal ein Muster der Geschichte erstellt und gespeichert wird. Ein Muster hat eine große Bedeutung für das Gehirn, da es seine Arbeit wesentlich erleichtert. D. h. das Gehirn muss dadurch nicht alles neu erlernen, sondern lernt lediglich das Muster, nach dem schnell jede Art von Situation analysiert und mit dem verglichen werden kann, ob bereits Erfahrungen mit dieser Situation gemacht wurden, oder was erwartet werden kann. Mit den Mustern werden auch Schlüsselinformationen (Gefahr, Wohlbefinden, Charaktere und Botschaften) einer Situation abgespeichert. Dabei beziehen sich die Muster nicht nur auf statische Konstellationen, sondern auch auf Ereignisse. Mit Ereignissen ist ein Verhaltensablauf gemeint, der allgemein bekannt ist (z. B. Vorstellungsgespräch, Zerschneiden eines Bandes zur Eröffnung, Spatenstich etc.). Beim Weitererzählen von Geschichten werden meist auch genau diese Schlüsselinformationen weitergegeben, die für die Handlung und die Moral von der Geschichte wichtig sind.

Geschichten in Form von Mustern erlauben es dem Menschen, dass er sich an soziale und kulturelle Gegebenheiten anpassen kann. Müssen Entscheidungen getroffen werden, ruft unser Gehirn blitzschnell die gespeicherten Muster ab, um zu einer ersten spontanen Einschätzung zu gelangen.

Die gespeicherten **Schlüsselinformationen und Gefühle** helfen in solchen Situationen, die positiven Eigenschaften aus der Erfahrung auf die vorliegende Situation zu übertragen. Die Entscheidungen werden in den unbewusst arbeitenden Hirnarealen getroffen und sparen dadurch wertvolle Energie für das Gehirn.

Geschichten sprechen aber nicht nur den analytischen Verstand, sondern auch die emotionale Seite des Zuhörers an. Botschaften, die über Ohren, Bauch und Herz ihr Ziel erreichen, haben die größte Chance, gehört, verstanden, gemerkt und im eigenen Handeln berücksichtigt zu werden. Sie aktivieren beide Gehirnhälften und erreichen damit den ganzen Menschen.

3.4   Bedeutung von Geschichten – ach so!!

Geschichten werden seit Menschenbestehen erzählt und von Generation zu Generation weitergetragen. Einander Geschichten zu erzählen, ist ein alter Brauch. Menschen erleben dabei Ereignisse noch einmal und verleihen ihnen gemeinsam eine Bedeutung.

Geschichten und Erzählungen können daher als Sinngeneratoren menschlichen Handelns und der Organisation von Handeln in Unternehmen verstanden werden (Ganahl 2013, S. 42 f.). Den Sinn, den das Handeln macht, bezieht der Mensch aus der Geschichte, die darüber erzählt wird. Das gilt für die persönliche Lebensgeschichte genauso wie für die Geschichte eines Unternehmens oder eines Staates.

Die bedeutendsten Vorteile einer Geschichte, sowohl aus der Sicht der Bezugsgruppen als auch von Unternehmen, sind (Herbst 2008, S. 77 ff.):

- Geschichten erleichtern das Einordnen neuer Informationen in das vorhandene Wissen.
- Geschichten ermöglichen Orientierung, wenn über Vergangenheit, Gegenwart und die Zukunft (Visionen) gesprochen wird.
- Bezugsgruppen können sich mit einer Geschichte identifizieren, da sie stark emotional ansprechend ist und den Werten und Motiven der Bezugsgruppen entspricht.
- Geschichten helfen, Probleme zu lösen. Konflikte sind der Kern guter Geschichten, die Lösung des Konflikts dient als Lerneffekt.
- Geschichten wirken im sozialen Umfeld der Bezugsgruppen, da sie weitererzählt werden.
- Geschichten unterhalten – vor allem Erfolgsgeschichten.
- Geschichten lösen Aufmerksamkeit bei den Bezugsgruppen aus.
- Geschichten zeigen die Bedeutung einer Information, da das Hirn jede Information danach bewertet, welche Bedeutung sie hat und welche Belohnung sie bringt.

- Geschichten sind sehr anschaulich: emotional, bildhaft, bewegungsnah.
- Geschichten können alle Sinne ansprechen: die Inszenierung einer Geschichte wirkt besonders stark, wenn sie alle Sinne anspricht.
- Geschichten beziehen ein. Aufgrund der Spiegelneuronen können die Zuhörer die Geschichten miterleben.
- Geschichten halten das Interesse aufrecht, weil Bezugsgruppen bei spannend erzählten Geschichten erfahren wollen, wie sie weiter geht.

Geschichten haben deshalb eine so große Bedeutung, da es (bisher) keine effizientere Methode der Datenverarbeitung gibt, als Informationseinheiten in Geschichten zu verpacken.

Große Datenmengen können schnell verarbeitet und Informationen verdichtet werden, die Verarbeitung verbraucht wenig Energie.

Geschichten sind leicht erlernbar, an verschiedenen Orten einsetzbar, lassen Mehrdeutigkeiten zu, ermöglichen eine sichere Orientierung, haben einheitliche Grundbefehle und können mit wenig Aufwand weiterentwickelt werden.

Wir verstehen das Leben durch Geschichten.

angelehnt an Jean-Paul Sartre

Geschichten, die in Unternehmen erzählt werden, beziehen ihre Kraft und Wirkung schon aus der Tatsache, dass es um die eigene Sache und die eigene Geschichte als Mitglied der Organisation geht. Der Erzähler erzählt die Geschichte, die die Zuhörer im Erleben ihres eigenen organisatorischen Kontexts noch einmal rekonstruieren und durchleben (Denning 2011, S. 59 ff. und Ganahl 2013, S. 44 f.).

Das erneute Durchleben der **Geschichte erzielt bei den Zuhörern folgende Wirkung:**

- **Gedankliche Präsenz** – Die Geschichten sind im Kopf der Bezugsgruppen präsent. Um präsent zu bleiben, müssen Geschichten daher immer und immer wieder erzählt werden. Geschieht dies nicht, können die aufgebauten neuronalen Verbindungen verschwinden. Um zu wirken, müssen Geschichten also in lebendiger Erinnerung gehalten werden. Je bekannter und präsenter sie sind, desto sympathischer gilt das Unternehmen oder die Person (Herbst 2008, S. 177 f.)

- **Klare Vorstellungsbilder** – Das Vorstellungsbild im Kopf ist das Ergebnis des gesamten Wissens und Erlebten sowie des Gefühlten, das man mit einem Unternehmen oder einer Person verbindet. Es hilft, Entscheidungen zu treffen, die das Verhalten und das Bewerten des Gegenübers betreffen. Storytelling kann sehr bildhaft wirken und kann daher ein klares Vorstellungsbild davon schaffen, was die Bezugsgruppen erwartet, wenn sie sich darauf einlassen. (Herbst 2008, S. 178 f.)

© Springer Fachmedien Wiesbaden GmbH, ein Teil von Springer Nature 2020   13
C. Lutschewitz, *Storytelling und Leadership*, essentials,
https://doi.org/10.1007/978-3-658-29756-5_4

- **Vertrauen** – Vertrauen kann das Risiko verringern, von Unternehmen oder Personen und deren Leistungen enttäuscht zu werden. Ein widerspruchsfreies und glaubwürdiges Bild, das klar von einer Person oder einem Unternehmen kommuniziert wird, wirkt vertrauenswürdig; man kann nur jenem Unternehmen vertrauen, das eine Persönlichkeit besitzt. Vertrauen in die Führungskraft oder den Mitarbeiter zu haben, kann sich positiv auf die Leistung des Mitarbeiters und somit auf das Unternehmen übertragen. Vertrauen in das Unternehmen legt den Grundstein für eine langfristige Beziehung, denn der Mensch bleibt nur dem treu, dem er vertraut. (Herbst 2008, S. 179 f.)

Der Mehrwert einer Geschichte besteht darin, dass sie einen Sachverhalt sehr schnell auf den Punkt bringt und das auf eine sinnliche und überzeugende Art.

Denning (2011, S. 40 ff.) bezeichnet Storytelling sogar als eine Art Kunst: *„Storytelling is a performance art, and the way a story is performed can radically change it's emotional tone and hence its impact on the listener. In performance, the story, the storyteller, and the audience interact to form a meaningful ensemble."*

4.1 Emotionen, Emotionen, Emotionen!

Geschichten haben einen weiteren Vorteil: Fakten, die in Geschichten eingebunden werden, sind leichter langfristig merkbar und sind sie zusätzlich mit Emotionen und Bildern verknüpft, sind sie auch noch lange Zeit später jederzeit abrufbar und werden weitererzählt (Ganahl 2013, S. 45).

Besonders Geschichten, die emotional ansprechend sind, die Freude, Wut, Mitgefühl oder Verständnis auslösen, kommen schneller und besser bei den Bezugsgruppen an.

Das Gehirn übernimmt bei der Vermittlung von Informationen die Rolle der Bewertung. Das limbische System, der Sitz der emotionalen Intelligenz, bewertet alle einströmenden Informationen danach, wie emotional bedeutend sie sind. D. h. je emotionaler das Storytelling, desto besser für das Lernen und Handeln. Was das limbische System positiv oder negativ anrührt, wie Geschichten, Bilder und emotionale Worte, bleibt besonders schnell haften. Aber auch Unternehmen oder Personen mit einem einzigartigen Erlebnisprofil bleiben besser und schneller in Erinnerung (Herbst 2008, S. 31 ff.).

Wurden die Bezugsgruppen emotional angesprochen, ist die Grundlage für Empathie gegeben. Empathie, auch Einfühlung oder Mitgefühl genannt, wird als Fähigkeit bezeichnet, sich in den anderen hineinzuversetzen, dessen Gedanken, Gefühle und Ansichten weitestmöglich zu erkennen und hieraus den anderen zu interpretieren, bestenfalls zu verstehen. Dabei erfolgt die Bewertung nicht aufgrund der eigenen, sondern der Gedanken, Gefühle und Ansichten des Gegenübers, um zu sehen, was dessen Handeln bestimmt. Möglich ist dies durch die Spiegelneuronen im Gehirn. Forscher können dadurch auch erklären, warum Menschen in Geschichten stellvertretend für andere Wünsche und Träume leben, die sie nicht selbst erleben können, wollen oder dürfen. Durch die Spiegelneuronen kann das Storytelling jene Emotionen bestimmen, die für die Geschichte, deren Handlung und Bezugsgruppen wichtig sind. (Herbst 200, S. 53 ff.) D. h. durch Spiegelneuronen werden die Bezugsgruppen also in die Geschichte miteinbezogen: sie können die Handlung und die Gefühle der Handelnden verstehen und erklären. Sie erleben die Geschichte mit, anstatt nur zuzuhören und zu spekulieren, wie die Geschichte weitergehen könnte. Das löst bei den Bezugsgruppen vor allem aktive Mitarbeit, Engagement und Unterstützung aus. Die Bezugsgruppen kommen folglich selbst auf Ideen bzw. erkennen, welche Chancen in der Geschichte transportiert werden. (Herbst 2008, S. 53; Denning 2011, S. 59 ff.).

Die Identifikation mit der Geschichte passiert schließlich über die Kombination von emotionaler Ansprache, Empathie und aktiver Beteiligung beim Hören einer Geschichte. In diesem Schritt wird die Geschichte für das Gegenüber real und somit auch glaubwürdig. Der Zuhörer beginnt die Geschichte auf seine eigene Situation, seine eigenen Erlebnisse und Aufgaben zu übertragen. Die Glaubwürdigkeit wird in diesem Schritt nicht mehr infrage gestellt und die Zuhörer beginnen, die Geschichte weiterzuerzählen. Die Weitererzählung ist jedoch nicht das reine Produkt einer wie auch immer gearteten Vergangenheit, auf die eine Person zurückblickt. Der Weitererzähler setzt vielmehr ausgewählte Ereignisse der Vergangenheit in eine vom ihm erwünschte Beziehung/Verbindung zueinander. Dabei ist es völlig normal, dass Teile der erlebten Vergangenheit weggelassen werden. (Littek 2011, S. 14).

4.2   Fantasie und bildhaftes Denken

Eine der herausragenden Eigenschaften von Geschichten ist, dass sie sehr bildhaft wirken. Beim Zuhören von Geschichten entstehen bei den Bezugsgruppen innere Bilder (auch Wahrnehmungsbilder), die Gedächtnisbilder entstehen lassen und gespeichert werden. Solche inneren Bilder wirken sehr stark auf Meinungen, Einstellungen, Überzeugungen und Verhaltensabsichten. (Herbst 2008, S. 61 ff. und Ganahl 2013, S. 46 f.).

Forscher haben herausgefunden, dass Geschichten sehr stark die eigene Fantasie anregen. Der Zuhörer befindet sich nicht in einer passiven Rolle der

Informationsaufnahme, sondern gerät in einen Zustand des aktiven Mitdenkens. (Denning 2011, S. 31).

Ferner können Geschichten alle Sinne ansprechen, mit Symbolen und sprachlichen Erzählungen arbeiten und sie können wesentlich besser emotionale Erlebnisse vermitteln als Texte. Dies basiert darauf, dass das menschliches Denken und Fühlen stark bildhaft ist (Herbst 2008, S. 61 ff.).

Die starke Wirkung von Bildern ist im Folgenden dargestellt (Herbst 2008, S. 68):

- Orientierung erfolgt durch Bilder (z. B. der Weg zur Arbeit).
- Erinnerungen erfolgen in inneren Bildern (z. B. bewegende Momente).
- Entscheidungen erfolgen anhand innerer Bilder (z. B. Abruf von bereits erlebten in Bildern im Hirn).
- Innere Bilder sprechen den Menschen sehr stark an (z. B. beim Lesen eines Romans).

4.3   Storytelling und Motivation – passt das?

Unter Motivation wird die von **Bedürfnissen und Gefühlen** produzierte **Energie** verstanden, die sich auf ein **Ziel** ausrichtet. Folglich eine Art innere Kraft oder Energie, die einen Wunsch hervorruft und das Individuum dazu drängt, sein Verhalten zu ändern, um ein Ziel zu erreichen. D. h. Motivieren hat etwas mit Konditionieren zu tun. D. h. ein bestimmter Reiz oder ein bestimmtes Handeln werden miteinander verbunden (Ganahl 2013, S. 47).

Zu Recht wird von einer Führungskraft erwartet, dass es ihr gelingt, den Bedürfnissen und Erwartungen der Mitarbeiter zu entsprechen und so für ein optimales Gruppen- oder Betriebsklima zu sorgen. Motivieren ist aber erst dann erfolgreich, wenn es der Führungskraft gelingt, die individuellen Bedürfnisse in einer Art zu befriedigen, die zugleich den Gruppenbedürfnissen entspricht und unvereinbare Erwartungen vereinbar macht.

Prinzipiell wird unterschieden zwischen intrinsischer und extrinsischer Motivation. Letztere, so hat sich in der Praxis gezeigt, wirkt nur kurzfristig, während intrinsische Motivation zu dauerhafter und konsequenterer Bereitschaft führt.

Die persönliche Betroffenheit zeigt sich im Storytelling, wenn sich Personen mit einer Geschichte identifizieren können. Motivation wirkt bei Mitarbeitern folglich dann, wenn sie emotional angesprochen werden, also bei Glaubwürdigkeit der Geschichte, wodurch das Vertrauen gestärkten wirkt.

4.4   Wertvermittlung im Storytelling – geht das?

Geschichten, die emotional sind und komplexe Ideen plastisch vermitteln, eignen sich des Weiteren hervorragend zur Wertevermittlung.

Denn Menschen handeln nach Werten, in Unternehmen sind daher Werte immer Bestandteil (Ganahl 2013, S. 48). Jedoch kann das **Wertesystem** der einzelnen Mitarbeiter stark individuell variieren oder in Konflikt mit anderen treten. Daher stehen die meisten Unternehmen vor der Herausforderung, sich bewusst oder unbewusst auf Kernwerte festzulegen, die stets zu den Produkten, Services und den Mitarbeitern des Unternehmens passen.

Das gemeinsame Leben von Werten in einem Unternehmen schafft Vertrauen, was wiederum dazu führt, dass sich Unsicherheiten verringern, Mitarbeiter von Angst, Verdächtigungen und Skepsis befreit werden und mehr Spontaneität erlaubt ist. Ferner können Werte als Richtlinien für eigenverantwortliches Handeln wirken.

Wer also eine Geschichte erzählt, die Integrität und Verantwortung widerspiegelt, gewinnt Vertrauen. Ferner wird dadurch dargestellt, wie die zentralen Werte der Unternehmen verstanden, umgesetzt, also gelebt werden.

D. h. Geschichten vermitteln, welche Bedeutung die Werte des Unternehmens im realen Umgang miteinander sowie mit den Kunden tatsächlich haben.

4.5   Merkmale des Storytellings – glaubhaft, vertrauensvoll, inspirierend!

Storytelling im Unternehmen steigert vor allem das Wohlbefinden der Mitarbeiter im Unternehmen (Herbst 2008, S. 137 und Ganahl 2013, S. 49 f.).

In der Literatur zum Thema finden sich zahlreiche Merkmale, die das Storytelling charakterisieren. Hier sollen einige ausgewählte Merkmale aufgeführt werden.

- *Geschichten sind glaubhaft, geben Orientierung und ermöglichen Vertrauen.*
  Dieser Satz basiert darauf, da Geschichten in Unternehmen häufig zwar komplex sind, aber nie kompliziert. Sie bestehen aus wenigen, aber sehr klaren und überzeugenden Elementen und das Unternehmenskonzept wird dadurch leicht verständlich. Geschichten schaffen es folglich, Mitarbeiter für eine bestimmte Sache oder eine neue Firmenphilosophie zu gewinnen. Denn mittels Geschichten werden Beschlüsse leichter verständlich, nachvollziehbarer und sie verleihen dem Gesagten mehr Glaubhaftigkeit (Herbst 2008, S. 137).

- *Geschichten sind informativ und zeigen Zusammenhänge auf.*
  Geschichten, die weitererzählt werden und wirken sollen, sind dann informativ, wenn sie einen Unterschied klar erkennen lassen. Erzählungen, Storys, Anekdoten drehen sich folglich darum, dass etwas anders geworden ist. Der Zuhörer weiß hinterher etwas, was er so vorher noch nicht gewusst hat.
  Werden Geschichten in Unternehmen erzählt, basieren sie meist auf einer besonders guten, bemerkenswerten, manchmal ungewöhnlichen Idee, die eine Lösung oder Verbesserung mit sich brachte. Die Idee muss als klares Alleinstellungsmerkmal gesehen werden, damit sich das eigene Unternehmenskonzept von anderen abhebt.
  Geschichten müssen dann in die konkreten Zusammenhänge eingebettet werden, z. B. einen konkreten Kontext mitliefern. Das Thema erscheint in einem konkreten Zusammenhang, den sich die Zuhörer vorstellen und den sie nachvollziehen können Denning 2001, S. 207 ff.).

- *Geschichten verfügen über Charaktere und ermöglichen dadurch Identifikation.*
  Geschichten, die funktionieren sollen, brauchen eine Hauptfigur, einen „Helden". Bei der Frage, ob die Hauptfigur auch eine ganze Gruppe oder ein Unternehmen sein kann, gehen die Meinungen auseinander. Denning (2011, S. 207 ff.) bezieht sich in seinen Ausführungen eher auf die Idee, dass es einer einzelnen Person bedarf, um bei den Zuhörern Identifikation auszulösen. Denn die Identifikation mit einer einzelnen Person als Held erleichtere nicht nur die Aufnahme der Geschichte, sondern auch die zugrundeliegende Idee.
  Einigkeit besteht in der Literatur darin, dass die Hauptfiguren Mitgefühl, Anteilnahme und Empathie bei den Zuhörern auslösen müssen. Empathie und Einfühlung in die Situation der Helden sind daher eine wesentliche Voraussetzung, da sich die Zuhörer dann auf die Geschichte (voll) einlassen können, ihr folgen und sie mitdenken.

- *Geschichten nehmen Bezug zur Realität und öffnen Räume*
  Die erzählte Geschichte nimmt Bezug auf konkrete Begebenheiten, d. h. entwirft kein abstraktes Zukunftsgemälde. Sie erlaubt es dem Zuhörer, von der Gegenwart aus die Zukunft zu erblicken. Um die Geschichte herum entsteht in den Köpfen der Zuhörer erst die eigentliche Geschichte („Kopfkino"). Diese veranschaulicht plastisch und konkret einen neuen Lösungsansatz und bietet damit den Einstieg in einen neuen Raum. In diesem entsteht bei den Zuhörern eine neue Geschichte, die unter Umständen weit über das hinausgeht, was zunächst erzählt wurde. In dieser Geschichte kann auch der Zuhörer

selbst zum Held werden und somit zur Veränderung beitragen. Inspiration und Kreativität werden demnach gefördert und angeregt.

Denn erfolgreiche Visionen haben immer einen Anknüpfungspunkt im Hier und Jetzt, vielleicht sogar in der Vergangenheit, sie müssen in sich selbst stimmig sein und die Zuhörer für eine neue Idee oder eine Vision gewinnen/ inspirieren können. (Denning 2011, S. 228 ff.)

Wenn die Fakten nicht zur Theorie passen-
umso schlimmer für die Fakten

Georg Wilhelm Friedrich Hegel

5.1 Die Kernidee der narrativen Elemente im Leadership

Die richtigen Worte einer Führungskraft zur „richtigen" Zeit können als Impuls für Energie und Enthusiasmus wirken, während die „falschen" Worte die besten Absichten untergraben.

Die wohl wichtigste Anforderung an eine Führungskraft und die Anwendung von Storytelling ist, einen roten Faden zu formulieren, eine stimmige Geschichte, die Auftrag und Mission in einem Zusammenhang erzählt und den Bezugsgruppen überzeugende Bilder vermittelt und zeigt, worauf es ankommt.

Digitale und verbalsprachliche Informationen wie Zahlen, Daten und Fakten sprechen eher die Vernunft an, analoge, körpersprachliche Informationen wie Motorik, Mimik, Gestik und Tonfall hingegen lösen Gefühle aus und sprechen somit die Emotionen an. Um eine empathische und überzeugende Kommunikation zu gewährleisten, ist es unerlässlich, die Gesprächspartner oder Zuhörer durch den Einklang von Worten und Körperausdruck zu aktivieren.

Denning (2011, S. 41) hat die Kommunikation einer guten Geschichte unter vier Bedingungen gestellt: **„Style, Truth, Preparation und Delivery"**.

© Springer Fachmedien Wiesbaden GmbH, ein Teil von Springer Nature 2020
C. Lutschewitz, *Storytelling und Leadership,* essentials,
https://doi.org/10.1007/978-3-658-29756-5_5

21

Style – direkte, einfache und klare Kommunikation. Dabei ist die Anforderung, sich vorzustellen, man würde nicht an eine ganze Gruppe, sondern mit einer einzelnen Person sprechen und ihr die Geschichte erzählen. Dadurch wirkt die Führungskraft motiviert, spontan und willig, eine Geschichte zu platzieren.

Truth – glaubhafte Kommunikation. Eine glaubhafte Kommunikation steht über allem. Lügen und Schwindeleien werden irgendwann zu einem nicht mehr zu bewältigenden Problem und enden meist in einem Desaster. Beim glaubhaften Kommunizieren soll keine fingierte oder gefälschte Wahrheit transportiert werden, sondern die Wahrheit aus Sicht der Führungskraft.

Preparation – vorbereitete Kommunikation. Der Grundsatz besagt, vorbereitet zu sein und seine Geschichte so gut es geht durchzusetzen, aber auch die Fähigkeit zu besitzen, spontan zu sein und auf die Bezugsgruppen eingehen zu können.

Delivery – wirksame Kommunikation. Zum Schluss liegt die Durchführung in der Hand der Führungskraft. Es gilt, bereit zu sein und die Geschichte wirksam an die Bezugsgruppe weiterzugeben. Begeisterung und der Einsatz von Mimik, Gestik und technischen Hilfsmitteln ist durchaus erlaubt. Eine lebhafte und aktive Ansprache ist erwünscht und unterstützt die Wirkung der Geschichte.

In der Literatur werden grundsätzlich drei Arten von Geschichten diskutiert, die eine Führungskraft erzählen können soll (Seeber und Pichler 2008, S. 22 ff.).

Die Wer-bin-ich-Geschichte gibt Auskunft über die Person, ihre Werte, ihr Leben, ihre Glaubenssätze. Das können sehr persönliche Geschichten sein, in denen Führungskräfte deutlich machen, welche Werte ihr Handeln leiten und die gleichzeitig eine mitmenschliche Ebene entstehen lassen, die sonst nicht wahrnehmbar ist. Wird so eine Geschichte überzeugend, einheitlich und glaubwürdig erzählt, erweckt sie Aufmerksamkeit, findet Verständnis in schwierigen Zeiten und fasziniert. Auf dieser Basis ist es um einiges einfacher, Innovation umzusetzen und Menschen zum Handeln zu bewegen. D. h. der Standpunkt der Führungskraft erhält dadurch eine zusätzliche Legitimation. Darüberhinaus ist diese Art von Geschichten auch für die Führungskräfte selbst ein gutes Mittel, ihre eigenen Überzeugungen gezielt zu reflektieren.

Die Wer-sind-wir-Geschichte erzählt von der Identität der Organisation, nicht von der Führungskraft persönlich. Gemeinsame Erlebnisse der Mitarbeiter, aber auch gemeinsam geteilte Werte stehen im Mittelpunkt. (Bitte Absatz)

In der Wohin-gehen-wir-Geschichte geht es um eine lebendige Beschreibung des Businessmodells. Hier wird das künftige Geschäftsmodell beschrieben, Herausforderungen und auch die nächsten Handlungsschritte werden erläutert. Intellektuelle Aspekte sind hier genauso einzubauen wie die emotionale Aufforderung, endlich loszulegen. Sie gilt als die wichtigste Geschichte, da sie die Hoffnungen und Träume beinhaltet, die gemeinsam verfolgt werden sollen und damit die Zuhörer emotional bindet.

5.2 Das Potenzial von Stories und Storytelling

Als nicht-technische Methode hat das Storytelling das Potenzial, wie oben bereits näher ausgeführt, diejenigen kognitiv wie auch emotional geprägten Wissensinhalte anzugehen, die rein technischen und/oder quantitativ ausgerichteten Instrumenten kaum oder gar nicht zugänglich sind. D. h., dass Erfahrungsgeschichten mit ihren facettenreichen Assoziationen dazu geeignet sind, innerhalb der Organisation Diskussion und Gespräch und damit auch Reflexion anzuregen und auf diesem Weg individuelle und organisationale Lernprozesse in Gang zu setzen. Erfahrungsgeschichten dienen der Dokumentation persönlicher sowie kollektiver Erfahrungen, dem Austausch verschiedener Sichtweisen und Meinungen, der Schaffung neuen Wissens durch Erfahrungslernen und der Nutzung einmal gezogener „Lehren" in vergleichbaren Situationen.

Das Entscheidende beim Storytelling ist, dass der Entstehungsprozess einer Erfahrungsgeschichte bottom up erfolgt; jeder Beteiligte findet sich später in der „großen Story" in irgendeiner Form wieder. Vor diesem Hintergrund liegt ein wesentlicher Gewinn des Storytellings darin, dass sich fragmentierte Einzelgeschichten zu einer WIR-geschichte bündeln und letztlich eine gemeinsame Geschichte „ausgehandelt" wird, bzw. entsteht. In der Methode des Storytelling liegt so gesehen etwas Verbindendes, was letztlich auch die Corporate Identity einer Organisation fördern kann.

Aus Praxis-Erfahrungen, die bei Loebbert (2003, S. 167 f.) dargestellt wurden, lassen sind zum Storytelling die folgenden Potenziale zusammenfassen:

- Geschichten ermöglichen es, Vorstellungen über Sinn und Bedeutung der Arbeit zu geben und Mitarbeiter dabei zu unterstützen, diese Vorstellungen selbst zu entwickeln.
- Werte, Visionen und Ideen können durch gezielte Kernbotschaften der Führungskräfte als Führungsleistung vermittelt werden.
- Durch Geschichten können Führungskräfte Mitarbeiter an einer gemeinsamen Unternehmensgeschichte teilhaben lassen und dadurch das Gefühl von Verbindlichkeit und Gemeinschaft stärken.
- Geschichten können helfen, komplexe Zusammenhänge in einfacher Form, die gut im Gedächtnis haften bleibt, zu kommunizieren.

- Geschichten stellen Handlungsmuster für Problem- und Konfliktlösungen in der Art von Lehrgeschichten bereit.
- Geschichten können traditionelle Führungsmethoden ergänzen oder teilweise ersetzen, weil alle Menschen wissen, was eine Geschichte ist. Dabei steht Storytelling nicht in Konkurrenz zu traditionellen Methoden, sondern ergänzt diese mit anderen Werkzeugen und legitimiert die vereinfachten Betrachtungsweisen sowie intuitiv gefundene Lösungen.

5.3   Voraussetzungen und Grenzen der narrativen Elemente im Leadership

Storytelling verlangt in jedem Fall **Investitionsbereitschaft** im mehrfachen Sinne: zum einen können ohne ausreichende zeitliche und personelle Ressourcen keine brauchbaren Erfahrungsgeschichten entstehen – das ist die materielle Seite der erforderlichen Investition.

Die materielle Seite der Investition liegt darin, sich auf die durch Storytelling ausgelösten Prozesse in der Organisation ernsthaft einlassen zu wollen: Offenheit und ein gewisses Maß an Unsicherheitstoleranz sowie Mut gehören daher ebenfalls zu den Voraussetzungen des Storytelling.

Als günstig erweist sich zudem eine Unternehmenskultur, in der das soziale Teilen von Wissen auf Anerkennung stößt und im Unternehmensalltag auch praktiziert wird.

Neben den vielen positiven Funktionen des Storytelling dürfen die **Risiken** nicht außer Acht gelassen werden. Da nicht jedem wichtigen Ereignis eine Geschichte entspringt, entstehen Geschichten vielmehr spontan und sind somit unkontrollierbare, schwer handzuhabende Artefakte einer Organisation. Das Management eines Unternehmens kann Storytelling zwar initiieren, aber letztendlich geben die Mitarbeiter die Geschichte auf informellem Wege weiter. Indem das Management dann nur eingeschränkt Einfluss auf die Inhalte dieser weitergegeben Geschichten hat, besteht die Gefahr, dass die eigentliche Intention einer Story verfälscht und verändert wird. Geschichten mit mehrdeutigen Motiven sind dabei besonders betroffen.

Es kann auch zu **Irritationen** kommen, wenn Stories wechselseitig ihre Inhalte und Bedeutung zerstören oder sogar neutralisieren. Dies führt zu variierten Halbwertszeiten von Geschichten. Werden Geschichten aus der Sicht eines einzelnen Individuums erzählt, fühlt sich der Zuhörer aufgrund des fehlenden Bezugs oft nicht angesprochen. Im anderen Extrem können Stories den Zuhörer derart in lebhafter und bestechender Weise vereinnahmen (vielleicht sogar manipulieren), dass er von der eigentlichen Intention der Geschichte abgelenkt ist und sie nicht kritisch hinterfragt.

Der Weg und die Zutaten für das Storytelling 6

Die Wahrheit ist wie eine Zwiebel:
Nimmt man die äußere Hülle weg, beginnt man oft zu
weinen.

Sprichwort

6.1 Gibt es eine Zauberformel für gute Geschichten?

Es gibt nicht **DIE Zauberformel** für gute Geschichten, jedoch gibt es etwas ähnliches eine Art Grundmuster der Erzählkunst. Joseph Campbell hat in seinem Buch „Der Heros in tausend Gestalten" auf ein universelles Erfahrungsmuster der Menschen hingewiesen: **Die Heldenreise**. Das Buch hat George Lucas dazu inspiriert, die Handlung von „Star Wars" nach dem Muster der Heldenreise zu gestalten. Der Held verlässt die ungewohnte Umgebung, erlebt unzählige Prüfungen und gelangt am Ende ans Ziel. Diese Struktur mit entsprechend typischen Erzählmustern ist u. a. auch in „Gullivers Reisen" oder „Robinson Crusoe" zu finden (Adamczyk 2015, S. 22).

Wenn der Ruf des Abenteuers erklingt, traut sich der Held zuerst nicht, ihm zu folgen. Einerseits fasziniert ihn das Neue und Unbekannte, andererseits will er die gewohnte Welt nicht aufgeben. Wenn er sich aber schließlich auf den Weg gemacht, alle gefahren und Prüfungen überstanden und die eigenen Schwächen besiegt hat, kommt er verändert zurück. Er ist nicht nur um die neue Erfahrung reicher geworden, er wird auch belohnt mit dem Glauben an seine Fähigkeit und die Lust auf neue Abenteuer.

© Springer Fachmedien Wiesbaden GmbH, ein Teil von Springer Nature 2020   25
C. Lutschewitz, *Storytelling und Leadership*, essentials,
https://doi.org/10.1007/978-3-658-29756-5_6

Die Heldenreise ist eine Art Metaerzählmuster, die aus ganz bestimmten Etappen und Figuren besteht, die benutzt werden, um die Geschichte erfolgreich zu strukturieren. Um mit Storytelling erfolgreich zu sein, sollten die Struktur und die Erzählmuster, die damit einhergehen, bekannt sein (siehe dazu Abschn. 3.2 der Spannungsbogen Hitchcocks). Erzählmuster sind uralte Lebensmuster-Archetypen, die nicht nur in Mythen oder Märchen zu finden sind, sondern auch in der Gegenwart. Sie setzen sich mit universellen menschlichen Erfahrungen auseinander, mit der Frage, wie mit Veränderung und Herausforderungen des Schicksals umzugehen ist.

Geschichten faszinieren, die auf dem Muster der Heldenreise beruhen und dies aus dem einfachen Grund, dass Heldenreisen **Identifikationsmuster** anbieten. Wie in Abschn. 3.3 (Geschichten im Gehirn – verstehe!) ausgeführt, gewinnt das Gehirn seine Effizienz dadurch, dass es alles Behaltenswerte in Geschichten ablegt, die wiederum als Handlungsmuster abrufbar sind. Der Ruf des Abenteuers bedeutet schließlich nichts anderes, als die urmenschliche Notwendigkeit, sich im Lauf des Lebens immer wieder zu wandeln, alte Überzeugungen auf den Prüfstand zu stellen, auf ein wohliges sich Einrichten im Leben, auf Sicherheit und bequeme Routinen und Gewohnheiten im richtigen Moment zu verzichten. Das Abschiednehmen von hübschen Illusionen und falschen Annahmen, von Trugbildern und Lebenslügen, ist Teil jeder Biografie. Jeder Mensch gelangt in seinem Leben an Scheidewege, an denen er sich nicht mehr unter dem Rock aus freundlicher Langweile und falscher Rücksicht verstecken kann oder will. Umgekehrt bedeutet das auch: wenn das Gegenüber, der Zuhörer, wirklich erreicht werden will, motiviert, von etwas überzeugt oder gar zu Verhaltensänderungen gebracht werden soll, kann das nicht besser erreicht werden, als mit einer nachvollziehbaren Geschichte im Muster der Heldenreise.

Die Heldenreise kann im Leadership wie folgte angewandt werden (Adamczyk 2015, S. 58):

- Die Kenntnis der Struktur einer Heldenreise ermöglicht es, die Veränderung im Leben von Menschen und Unternehmen besser zu begreifen und zu verstehen, wie Menschen mit Ungewissheit umgehen. Mit diesem Wissen lassen sich Veränderungsprozesse besser steuern.
- Mithilfe der Struktur der Heldenreise können auch eigene berufliche und private Entwicklungen reflektiert werden.
- Die Heldenreise bietet eine Inspiration und eine strukturelle Vorlage für Auftritte wie Reden, Repräsentation oder auch für klärende Gespräche.

Ferner können im Leadership die Muster der Heldenreise verwendet werden, wenn:

- der Ausdruck von Wertschätzung für Menschen oder Teams, z. B. beim Rückblick auf die Zusammenarbeit oder den Projektablauf, gegeben wird.
- bestehende Veränderungen analysiert werden und dabei sowohl die Gefahren als auch die Widerstände klar angesprochen werden und auch Lust auf Neues und Unbekanntes gemacht werden soll.
- Produkte und Leistungen mit der Betonung auf *„Wir haben weder Mühe noch Kosten gescheut"* dargestellt werden.
- persönliche Reifungsgeschichten (z. B. bei Vorstellungsgesprächen, Antrittsreden, Klärungsgespräche und in der Konfliktlösung) erzählt werden. Hier kann über Wendepunkte im (Berufs-)Leben, über schwierige Entscheidungen, Situationen, in denen alte Denk- und Handlungsmuster abgelegt wurden sowie den Gewinn an neuen Erfahrungen oder Einsichten berichtet werden.
- eigene und fremde Erfahrungen, eingebettet in das Muster der Heldenreise – statt Belehrungen – als Zuversicht und Mut spendende Geschichte für Azubis, Neulinge, Teams oder orientierungslose Teammitglieder genutzt werden.

6.2   Wie Geschichten aufspüren, Protagonisten finden?

Gute Geschichtenerzähler sind **gute Zuhörer,** denn Neugier und Interesse am Gegenüber geben Material für eigene Geschichten, so sind Inhalte und Ideen für Geschichten aufspürbar.

Auch im Leben jeder Führungskraft gibt es zahlreiche Geschichten, die von Umbruch, Wandel, Erfahrungen, Träumen oder Fehlern erzählen.

Vielsagend sind dazu die Antworten auf folgende Fragen:

- *Wie habe ich mich damals gefühlt?*
- *Wann musste ich mein Denken/Handeln ändern und warum?*

Das Nachforschen in den eigenen Erinnerungen bringt viele Erfahrungen ans Tageslicht. Orientierung gibt nicht nur der gute Stoff der Erzählmuster, sondern auch starke

Protagonisten. Die Begegnung mit Menschen, die einem imponieren – der eigene Chef, Mitarbeiter, Kunden, Kollegen, jeder Einzelne birgt Geschichten. Starke Protagonisten tragen Wertekonflikte mit sich und ihrer Umwelt aus. Die Kernbotschaften, von denen ein Protagonist ausgeht, sind der innere Motor der Handlung.

Darüber hinaus ist es für den Geschichtenerzähler wichtig, eigene Erzähl-Stärken und -Schwächen zu (er)kennen. D. h. die Bedeutung einer **Kernbotschaft** für einen starken Helden stellt den guten Storyteller vor eine ganz besondere Aufgabe. Denn nur, wer sich seiner fundamentalen Handlungsmaximen bewusst ist, kann entsprechend davon erzählen und sein Tun nachvollziehbar erklären.

6.3   Was ist die Perspektive und was sind die Zutaten für die Story?

Der Storyteller entscheidet mit der Wahl der **Perspektive** darüber, von welchem Blickwinkel aus über das Geschehen berichtet wird.

Die Perspektive informiert über die innere Haltung zur Handlung und zu den darin auftretenden Figuren.

- Ist der Storyteller Zeuge oder war er selbst beteiligt?
- Identifiziert er sich mit dem Protagonisten und mit der Story oder geht er auf Distanz?
- Ist er emotional beteiligt oder tritt er als nüchterner Beobachter auf?
- Ist seine innere Haltung zum Geschehen geprägt von ironischer Distanz oder Empörung?
- Kennt er die Motive aller Beteiligten?

Die Wahl des Standpunktes entscheidet darüber, wie der Zuhörer die Geschichte erleben soll. Ein Kind z. B. wird über einen Zoo-Besuch anders berichten als ein erwachsener Begleiter. Ein verärgerter Kunde hat eine ganz andere Version des Geschehens als ein Kundenberater und wenn der Erzählende auf das Geschehene aus großer zeitlicher Distanz blickt, berichtet er wiederum anders. Der Perspektivwechsel hat folglich nicht nur eine dramaturgische Wirkung, er ermöglicht es auch, die Ziele, Emotionen oder Bedürfnisse eines anderen sichtbar werden zu lassen und sein Handeln erklärbar zu machen.

Die Zutaten (Adamczyk 2015, S. 106) **für die Story sind folgende:**

- **In Erinnerung bleiben** Geschichten über Menschen, die Veränderungen bewältigt haben, die für ihre Träume oder Ideale kämpfen, Menschen, die aus Fehlern gelernt haben.
- Interessante **Protagonisten** einer Geschichte vermitteln immer auch eine Kernbotschaft.
- Durch die Wahl der **Perspektive** kann bestimmt werden, wie die Zuhörer die Geschichte erleben sollen. Der Perspektivwechsel erlaubt es, verschiedene und auch widersprüchliche Positionen einzunehmen. So lassen sich beispielsweise Entscheidungswege transparent machen.
- **Spannung** lässt sich u. a. durch das Vorenthalten von Informationen, durch einen Wissensvorsprung oder durch Wechsel der Zeitebene erzeugen.
- Das Beschreiben, Reflektieren und Erzeugung von **Emotionen** sind Kern und Motor einer guten Story.

Wie geht Geschichtenerzählen im Leadership? – Praxistipps

Es steigt der Mut mit der Gelegenheit.

William Shakespeare

7.1 Eine Heldengeschichte entwerfen – WIE?

Die folgende **Übung** (Adamczyk 2015, S. 122) braucht etwas Zeit (etwa 30 min).

Überlegen Sie, welche schwierigen Situationen/Herausforderungen Sie bereits in Ihrem Leben bewältigt haben. Beschreiben Sie sie!

- Wie sind Sie zum ersten Mal mit der **Herausforderung** konfrontiert worden? Haben Sie sie sich selbst ausgesucht?
- Gab es äußere und innere Bedenken, klare **Widerstände**? Wenn ja, welche? Zählen Sie diese auf.
- Welche **Emotionen und Gedanken** begleiteten Sie während der Bewältigung der Herausforderung? Tauchten alte **Glaubenssätze** auf, altbekannte **Befürchtungen**? Meldeten sich unterdrückte **Sehnsüchte**? Wie sind Sie mit diesen Emotionen umgegangen?
- Wann und was sagte Ihnen Ihre **innere Stimme**? Gab es einen inneren **Konflikt**, der sich in einem inneren Dialog (Pro und Kontra, Zweifel und Hoffnung) widerspiegelte? Wie hat sich diese Situation angehört? Was haben Sie genau gesagt?
- Gab es Menschen, die Sie ermutigten oder entmutigt haben – **Mentoren und Verbündete, Skeptiker und Gegner**? Was haben sie gesagt? Nehmen Sie die Perspektive der anderen an. Spekulieren Sie mit möglichen Standpunkten, Emotionen, Gedanken der anderen.

© Springer Fachmedien Wiesbaden GmbH, ein Teil von Springer Nature 2020
C. Lutschewitz, *Storytelling und Leadership*, essentials,
https://doi.org/10.1007/978-3-658-29756-5_7

- Gab es einen entscheidenden Moment, einen **Wendepunkt**, in dem Sie beschlossen haben, die Herausforderungen anzunehmen? Woran können Sie sich, wenn Sie an diesen Wendepunkt denken, noch erinnern (Ort, Menschen, die dabei waren, Uhrzeit, Wetter)?
- **Was spielte sich in Ihrem Inneren ab** kurz vor der „entscheidenden Konfrontation" oder „in der Nacht vor der entscheidenden Schlacht"?
- Welche **Gedanken** und **Emotionen** stellten sich nach der Bewältigung der Herausforderungen ein?
- Wie denken Sie darüber in der **Rückschau**? Was haben Sie aus der **Erfahrung** gelernt?

Entwerfen Sie anhand dieser Übung eine kurze (2–3 min lange) mündliche Erzählungen. Sie können Ihre Erzählung als *„Success Story"* oder *„Brandstory"* in den Situationen anwenden, in denen Sie von Ihren Stärken berichten wollen.

Dadurch, dass Sie nicht bloß vom Erfolg, sondern vom mühsam Weg dorthin berichten und etwas von Ihren Emotionen preisgeben, wirken Sie authentisch, nah und menschlich. Sie vermeiden damit den Eindruck einer profilsüchtigen, selbstverliebten Persönlichkeit.

Suchen Sie in Ihrer Biografie und in Biografien Ihrer Freunde, Kollegen, Kunden, Kinder und Nachbarn nach ähnlichen Erlebnissen und „gießen" Sie sie in dieses Erzählmuster.

7.2   Die Osborne-Liste

Alex Faickney Osborn war ein US-amerikanischer Autor und Werbefachmann. Er ist nicht nur der Erfinder des Creative Problem Solvings und des Brainstormings, sondern er hat auch ein Instrument hinterlassen, mit dem eine fremde Geschichte so modifiziert werden kann, dass sie zu einem Original von einem selbst wird.

Die in Tab. 7.1 aufgeführte *„Osbornes Liste manipulativer Verben"* erleichtert das **Knüpfen neuer Assoziationsketten**.

Tab. 7.1 Osbornes Liste manipulativer Verben (Fuchs 2018, S. 33 ff.)

Variante	Mögliche Fragen
Anders verwenden	Wie kann ich die Idee anders verwenden? Für andere Personen, an anderen Orten, zu anderen Zeiten?
Anpassen	Was ist ähnlich? Gibt es Parallelbeispiele? Wem lässt sich die Idee zuordnen? Was kann nachgeahmt werden?
Verändern	Kann ich Bedeutung, Farbe, Form, Aussehen, Zweck, Gefühl, Geruch, Bewegung, Klang, Schrift, Komposition, Grafik, Personeninventar ändern?
Vergrößern	Was hinzufügen? In welche Dimension? Stärke, Zeit, Geruch, Klang, Farbe, Form, Grafik/Bild, Höhe, Länge, Breite, verdoppeln, vervielfachen, übertreiben, aufspalten, heller, dunkler, widerstandsfähiger?
Verkleinern	Was wegnehmen? Komprimieren, miniaturisieren, niedriger, kürzer, kleiner, leichter, untertreiben, abschwächen, aufspalten?
Ersetzen	Was kann ich ersetzen? Materialien, Personen, Standort, Räumlichkeiten, Bedingungen, Positionen, Energiequellen, Produktionsverfahren, Zugänge, Farben, Klänge, Bestandteile?
Umstellen	Kann ich Teile oder Passagen austauschen? Unten nach oben, das Gegenteil erreichen, Ablauf umstellen, Ursache und Wirkung umkehren?
Umkehren	Positiv statt negativ? Rollen vertauschen, von rechts nach links, umdrehen?
Kombinieren	Einen Verbund machen? Mischen, gruppieren, mehrere Anwendungsbereiche, Ideen verbinden, Zwecke und Ziele kombinieren?

7.3   Fallstricke – Was dann?

> *Wer einen Fehler gemacht hat und nicht korrigiert,*
> *der begeht einen zweiten.*
>
> Konfuzius

Beim Erzählen von Geschichten, ohne selbst emotional in ihren Zauber einzutauchen und ohne ihrer ganz eigenen Wirkkraft zu vertrauen, kann sich der Zweifel des Erzählenden leicht auf die Zuhörer übertragen und der Erzählende in Fallstricke geraten, die Widerstände auslösen.

Was sind die häufigsten Fallstricke und wie könn(t)en sie vermieden werden (Milling 2016, S. 57 f.)?

Berücksichtigung des Empfängerhorizonts
Neben dem Eintauchen in die Geschichte und ihre Welt, ist auch ein gutes Gespür für den Empfängerhorizont wichtig. Wenn Ihnen eine Geschichte einfällt, eine eigene oder eine fremde, prüfen Sie, ob Sie in Verbindung mit dem Zuhörenden sind und erzählen Sie sie nur, wenn Sie sich wohl damit fühlen.

Erzählen Sie die Geschichte ohne moralische Zuschläge und Belehrungen
Das Geschichtenerzählen ohne moralische Zuschläge und Belehrungen setzt voraus, dass die Haltung des Erzählenden von Wertfreiheit, Offenheit und Empathie geprägt ist. D. h. Erzählen Sie eine Geschichte nur dann, wenn Sie offen für alle denkbaren Deutungen durch die Zuhörenden sind. Denn Geschichten sind weiser als ihre Erzähler und die Empfänger werden das aus ihr herausziehen, was für sie in dem Moment von Bedeutung ist. Das kann etwas ganz anderes sein als das, was sie intendiert haben.

Erzählen Sie keinen Geschichten, deren Botschaft Zuhörende bloßstellen könnten
Grundsätzlich gilt, dass die Geschichten vorsichtig einzusetzen sind, die sich nur an eine zuhörende Partei richten und möglicherweise zu deren Bloßstellung führen oder von der entsprechenden Partei als parteilich gedeutet werden könnten.

7.4   Eine packende Geschichte – zehn Tipps

Storytelling ist Magie,
befreit von der Lüge, Wahrheit zu sein.

(angelehnt an T. W. Adorno)

Zahlreiche Geschichten mit Heldenreise, Spannungsbogen und Happyend stehen im ältesten Buch der Bibel. Heute erklären und verstehen Menschen die Welt mithilfe von Erzählungen, wobei sich die Frage stellt, was eine gute Geschichte ausmacht. Wie kann diese spannend auf den Punkt gebracht werden? Daher sind im Folgenden 10 Tipps zusammengestellt, die eine spannende Geschichte ermöglichen.

1. **Die Zielgruppe im Visier**
   Storytelling dient zur Wissensvermittlung. Daher gilt es, zwei Fragen zu beantworten, bevor man startet:
   - **Wem** könnte ich die Geschichte erzählen?
   - Mit welchem **Ziel** möchte ich die Geschichte diesen Menschen näher bringen?

2. **Der Erzählanlass**
   Welcher Anlass bietet sich für die Story? Dabei wirken **authentische und wahre Geschichten** besonders beeindruckend auf die Zuhörenden. Damit diese mit Spannung zuhören, sollten diese dabei möglichst von Beginn an Anknüpfungspunkte finden, um mitzufühlen.
   Erzählanlass sind beispielsweise Glaubenserfahrungen, Veränderungen im Leben, Geschichten zur Unterhaltung oder biografische Geschichten von Vorbildern und Helden des Alltags.

3. **Die Idee**
   Jeder Mensch hat eine Story und jeder kann das Geschichtenerzählen lernen! Stellen Sie sich selbst Fragen zum Thema, wie z. B.:
   - In welcher Situation ist mir klar geworden, dass sich meine Arbeit auszahlt?
   - Was war der ausschlaggebende Punkt für meine berufliche Tätigkeit?
   Dabei ist es wichtig, dass die Situation so konkret und detailliert wie möglich beschrieben wird, um Aufmerksamkeit zu schaffen.

4. **Der rote Faden**
   Jede Geschichte hat einen Anfang, eine Mitte mit einem Ergebnis und ein Ende. Dabei sollten Fakten mit Leben gefüllt, Komplexität reduziert und Details zur Beschreibung von Situationen und Protagonisten ausgeführt werden. Demnach ist der Spannungsbogen sehr wichtig.
   Zahlreiche Geschichten durchleben eine Transformation, indem es einen Wandel im Lauf der Geschichte oder einen plötzlichen Wendepunkt gibt. Das erhöht die Spannung und damit Aufmerksamkeit beim Zuhören(den).

5. **Spannungsbogen oder Heldenreise**
   Es gibt eine Reihe von Methoden, die beim Aufbau der Gestaltung einer Geschichte helfen können. Eine bewährte Methode ist die Heldenreise. Dabei hat der Held zu Beginn einen Auftrag, der mit einer Herausforderung zusammenhängt. Danach folgt der Aufbruch ins Unbekannte, bei dem er

Grenzen überquert, um den Weg der Prüfungen anzunehmen. Das Abenteuer führt manchmal über Kämpfe, Irrwege und durch eine harte Schule. Das Erreichen des Ziels ist die Belohnung mit einem „Schatz". Der „Schatz" steht symbolisch für zahlreiche Zielvorstellungen. Am Ende muss sich der Held noch mal beweisen, indem er den „Schatz" verteidigt und (damit) erfolgreich bleibt. Emotionen sind hier das zentrale Wort, denn wie bei jedem erfolgreichen Kinofilm, spielen diese auch im Storytelling die entscheidende Rolle!

6. **Positionierung/Perspektive**
Aus welcher Perspektive wird die Geschichte erzählt? Diese Frage ist interessant, da ein und dieselbe Geschichte aus unterschiedlichen Perspektiven erzählt werden kann.
- Wer ist der Protagonist oder die Protagonistin?
- Wer spielt den Hauptdarsteller?
- Wird die Geschichte aus Sicht des Helden oder eines Nebendarstellers erzählt?
- Welche Figuren erscheinen außerdem?

Stehen die Figuren fest, können diese beschrieben werden. Das Ziel der richtigen Positionierung ist erreicht, wenn die Zuhörenden sich mit den Figuren der Story identifizieren können.

7. **Kreativität**
Für die maximale Aufmerksamkeit sorgt eine bildhafte Sprache mit Detailbeschreibung an den richtigen Stellen. Das betrifft die Situationsbeschreibung genauso wie die Figuren, die einen großen Teil der Story ausmachen. Entscheidend ist es, die Situation den Zuhörenden bildhaft vor Augen zu führen.

8. **Emotionalität**
Bei jedem erfolgreichen Kinofilm spielen Emotionen die entscheidende Rolle!
Auch Geschichten des Alltags enthalten zahlreiche Emotionen. Gefühle werden durch Sprache, Stimme und Körper transportiert. Die Zuhörenden sind im besten Fall so gepackt, dass sie aufmerksam zuhören und aufgrund der großen Spannung weder Fragen stellen noch das Gesagte kommentieren. Humor kann ebenso ein Gefühl sein, so wie Traurigkeit. Jedes Gefühl ist erlaubt, außer Langeweile.

9. **Körpersprache**

   Aus Geschichten der Kindheit wissen wir, wie bedeutend die Stimme und Betonung der Vorlesenden sind. D. h., die eigene Erzählstimme geschickt in Szene zu setzen, Blickkontakt zu halten, den Körper sprechen zu lassen und das Erzähltempo bei bedeutenden Situationen verlangsamen/beschleunigen.

10. **Motivation**

    Storylistening ist das aufmerksame Zuhören. Jeder Storyteller braucht gute Zuhörende. Fassen Sie den Mut und erzählen Sie Ihre Geschichte jemandem Ihnen Nahestehenden. Es ist noch kein Meister vom Himmel gefallen, denn Übung macht ihn bekanntlich erst.

    Beginnen Sie zunächst mit einem Vertrauten aus der Familie oder dem Freundeskreis. Wenn der Person Ihre Story gefällt, können Sie sie ausbauen und einem größeren Publikum erzählen.

7.5 Was ist wichtig für erfolgreiches Geschichtenerzählen?

Geschichtenerzähler können am Schreibtisch in ferne Länder reisen, wie Karl May oder mit ihrer Kunst auf Wanderschaft gehen, wie Marco Polo.

Geschichtenerzähler wecken Sehnsüchte und erfüllen Träume, geben Denkanstöße und helfen (trösten, verbinden, vermitteln, usw.). Beim Erstellen einer Geschichte oder dem Verwenden einer bekannten Geschichte bauen die Erzähler auf ihren gesunden Menschenverstand und damit auf Ihre Erfahrung. Zudem nehmen sie alles, was dabei hilft, dankbar an.

Trotz aller Vorbehalte bezüglich Checklisten, sind im Folgenden die **Fünf Schritte** zum Geschichtenerzählen aufgeführt, damit mögliche Anlaufschwierigkeiten (vielleicht) ausgemerzt werden (Fuchs 2015, S. 311 f.).

1. **Schritt:** Das Werkzeug, mit dem Geschichten eingesammelt werden, sind die Augen. Eine gute Beobachtungsgabe im Zeitalter schneller Urteile und medialer Vorurteile zu bewahren, ist schwierig, aber notwendig. Gute Geschichten docken an das Alltägliche an und da allen Menschen mit Respekt begegnet wird, sind ihre Blicke nie schamlos.

2. **Schritt:** Gute Geschichtenerzähler orientieren sich an der Arbeitsweise des Gehirns, daher ist es ratsam, um dieses bestmöglich zu unterstützen, mit Notizbuch zu reisen. Geschichtenerzähler ignorieren Gruppendruck. Wenn sich also Geschichten bewährt haben, wenden Sie diese immer wieder an, vielleicht in abgewandelter Form, aber Sie wenden sie immer wieder an.

3. **Schritt:** *„It takes ten years of extensive training to excel in anything."* Das Forschungsergebnis des Nobelpreisträgers Herbert Simon[1] lässt sich auch anders ausdrücken. Um auf einem Gebiet hervorragende Leistung zu erzielen, muss man etwa 10.000 h üben. So lange braucht das Gehirn, bis es neuronale Muster komplexer Fertigkeiten so gespeichert hat, dass sie vom Autopiloten bedient werden können. Geschichtenerzähler glauben daher nur bedingt an Naturtalent, sondern lieber an wiederholende Erfahrungen. Sie erfinden für sich ein Trainings-Programm, das ihrer Persönlichkeit entspricht, damit sie es einhalten können. Sie üben oft an ungewöhnlichen Orten und zu ungewöhnlichen Zeiten, suchen sich Helfer und Kritiker sowie Sparringpartner.

4. **Schritt:** Es gibt keine neuen Geschichten, sondern nur Varianten überzeitlicher und universeller Themen. Gelungene Neuinszenierungen bekannter Stücke sind daher wichtiger als misslungene Originalversionen. Geschichtenerzähler hauchen alten Geschichten neues Leben ein, erkennen spannende Grundmuster, die sie variieren können und stellen sich ihr Publikum als Geschichtensammler vor, für die sie eine Fortsetzung schreiben.

5. **Schritt:** Wer einen eigenen Stil gefunden hat, entzieht sich der Austauschbarkeit und erhöht den Kopierschutz. Stil ist fordernd, autoritär und duldet wenig Kompromisse. Stil spart Kräfte, weil er Unwesentliches weglässt und sich direkt an das Unbewusste richtet. Ein Geschichtenerzähler trainiert sein intuitives Wahrnehmungsvermögen, hört auf seinen Bauch, achtet auf starke Symbole und beachtet auch kleine Zeichen.

7.6 Acht Kontrollfragen für gute Geschichten

1. Wie lautet der Titel/die Headline?
2. Erkennen sich die Zuhörenden in der Geschichte wieder?
3. Woran knüpft die Geschichte an?
   (Erlebnisse aus dem eigenen Leben/Kindheit/Jugend usw., dem Beruf oder ist es die angepasste und spannende Geschichte eines anderen?)

---

[1]Vgl. Fuchs (2015), S. 312.

4. Enthält die Geschichte Elemente von Lieblingsgeschichten/Gedichten, Metaphern oder Zitaten??
5. Ist ein roter Faden der Geschichte erkennbar?
6. Ist die Geschichte weitererzählbar (wirklich?)?
7. Sind Fortsetzungen möglich?
8. Stimmen Anfang und Ende (bzw. sind diese stimmig?)

7.7 Zum Schluss eine Nachdenk-Story …

Vor Jahren bestieg Luc Ciompi (Ciompi und Endert 2011, S. 19) ganz allein und in der Nacht einen der fünf dem Buddhismus heiligen Berge Chinas, nämlich den Hua-Shan in der Nähe der alten Hauptstadt Xian. Des Chinesischen völlig unkundig, versuchte er sich mit Gesten und nutzlosen englischen Sprachbrocken nach dem Weg zu erkundigen. Obwohl die größtenteils jungen Pilger, die er ansprach, seine Fragen offensichtlich nicht verstanden, überschütteten sie ihn in ihrer Muttersprache mit einem Schwall von fröhlichen, aber für ihn ganz unverständlichen Antworten. Bis er schließlich auf die Idee kam, auch seinerseits seine Gesten durch seine berner-deutsche Muttersprache (Schwyzerdütsch) in ganzen Sätzen, anstelle von bloßen englischen Brocken, zu ergänzen.

Und siehe da, aufgrund dieser offensichtlich viel authentischeren Körpersprache (Körperhaltung, Tonfall, Sprachmelodie, Gestik, Mimik und so weiter) gelang plötzlich die Verständigung weit besser als zuvor; jedenfalls bekam er nun eine Reihe von, wie sich erweisen sollte, durchaus korrekten Hinweisen, konnte seinerseits auf Fragen nach Woher und Wohin halbwegs verständlich antworten und freundete sich sogar mit einigen Mitpilgern ein wenig an. In der Folge führte er auch in Japan und anderswo auf diese Weise nicht selten die längsten, leidlich verständlichen und jedenfalls immer lustigen Gespräche mit Menschen, die von seiner Wortsprache ebenso wenig verstanden wie er von der ihren.

Was Sie aus diesem *essential* mitnehmen können

- Sie haben Zusammenhänge zwischen Emotionen, Wahrnehmung, Reflexion, Denkanstößen, Vorstellungskraft und Gedankenmustern kennengelernt, welche Ihnen vielleicht gar nicht so bewusst waren.
- Sie haben Grundregeln zu wichtigen Begebenheiten beim Storytelling kennengelernt. Zum einen den Spannungsbogen und die Heldenreise.
- Daneben bietet dieses *essential* Möglichkeiten zum Storytelling-Üben und wichtige Tipps sowie Kontrollfragen fürs Storytelling.
- Sie können nun Mut fassen, dass Sie Ihren eigenen Weg im Storytelling gehen. Denn jeder kann Geschichten erzählen, weil jeder seine eigene Lebensgeschichte und Lebenserlebnisse hat oder man formt und nutzt die Geschichten anderer.
- Sie haben Interesse entwickelt, wie Geschichten in der Praxis umgesetzt werden können. Dieses *essential* hat Sie mit den Grundbegriffen von Storytelling vertraut gemacht und bietet die Grundlage für weiterführende Literatur und eigene Möglichkeiten der Umsetzung in der Praxis.

© Springer Fachmedien Wiesbaden GmbH, ein Teil von Springer Nature 2020

C. Lutschewitz, *Storytelling und Leadership,* essentials,

https://doi.org/10.1007/978-3-658-29756-5

Literatur

Adamczyk, G. (2015). *Storytelling. Mit Geschichten überzeugen*. Freiburg: Haufe Group.

Bucay, J. (2007). *Komm, ich erzähl dir eine Geschichte*. Frankfurt a. M.: Fischer.

Borbonus, R. (2013). *Begeistern mit Storytelling*. Eckental: Wortaktiv Verlag.

Campbell, J. (2011). *Der Heros in tausend Gestalten*. Berlin: Insel Verlag.

Ciompi, L., & Endert, E. (2011). *Gefühle machen Geschichte*. Göttingen: V&R Verlag.

Denning, S. (2011). *The leader's guides to storytelling*. San Francisco: Jossey-Bass.

Eagly, A. H., & Carli, L. L. (2003). The female leadership advantage: An evaluation of the evidence. *The Leadership Quarterly, 14*, 807–834.

Fuchs, W. (2015). *Warum das Gehirn Geschichten liebt*. Freiburg: Haufe Group.

Fuchs, W. (2018). *Crashkurs storytelling*. Freiburg: Haufe Group.

Ganal, A. (2013). Merkmale und Potenziale von Storytelling in der internen Führungskommunikation – Eine qualitative Studie. http://narrative-methoden.de/masterarbeit-merkmale-und-potentiale-von-storytelling-in-der-internen-fuehrungskommunikation. Zugegriffen: 28. Jan. 2020.

Herbst, D. (2008). *Storytelling*. Konstanz: UVK.

Littek, F. (2011). *Storytelling in der PR. Wie Sie die Macht von Geschichten für ihre Pressearbeit nutzen*. Wiesbaden: VS Verlag.

Loebbert, M. (2003). *Storymanagement. Der narrative Ansatz für Management und Beratung*. Stuttgart: Klett-Cotta.

Milling, H. (2016). *Storytelling – Konflikte lösen mit Herz und Verstand. Eine Anleitung zur Erzählkunst mit hundertundeiner Geschichte*. Frankfurt a. M.: Wolfgang Metzner Verlag.

Rupp, M. (2016). *Storytelling für Unternehmen*. Frechen: mitp Verlag.

Seeber, K., & Pichler, M. (2008). Überzeugen mit Emotionen. *Wirtschaft & Weiterbildung, 10*(20), 18–24.

Watzke, E. (2008). *Wahrscheinlich hat diese Geschichte gar nichts mit Ihnen zu tun ...*. Godesberg: Forum.

© Springer Fachmedien Wiesbaden GmbH, ein Teil von Springer Nature 2020   43
C. Lutschewitz, *Storytelling und Leadership*, essentials,
https://doi.org/10.1007/978-3-658-29756-5